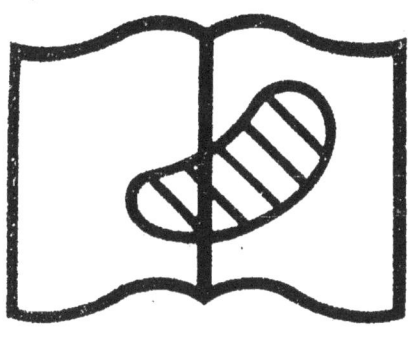

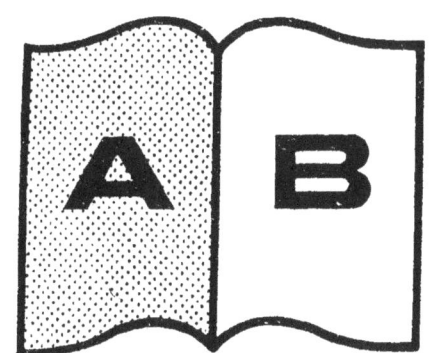

Illisibilité partielle

Contraste insuffisant
NF Z 43-120-14

Valable pour tout ou partie
du document reproduit

# NOTICE HISTORIQUE

### SUR

# LE PONT DE ROMANS

### PAR

Ulysse CHEVALIER,

Docteur en médecine, Chevalier de la Légion d'honneur.

Extrait du Bulletin de la Société d'Archéologie et de Statistique de la Drôme.

VALENCE
IMPRIMERIE DE CHENEVIER ET CHAVET
Rue Saint-Félix, 30.
—
1867

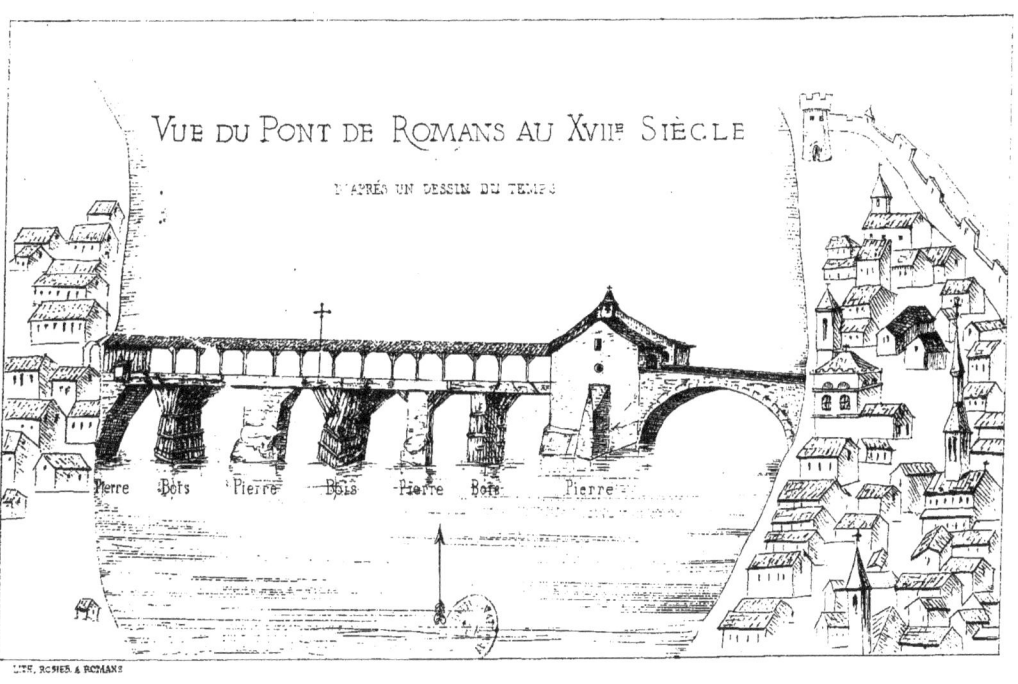

# NOTICE HISTORIQUE

SUR

# LE PONT DE ROMANS

PAR

Ulysse CHEVALIER,

Docteur en médecine, Chevalier de la Légion d'honneur.

Extrait du Bulletin de la Société d'Archéologie et de Statistique
de la Drôme.

VALENCE
IMPRIMERIE DE CHENEVIER ET CHAVET
Rue Saint-Félix, 30.

1867

# NOTICE HISTORIQUE

SUR

# LE PONT DE ROMANS.

Pendant la domination romaine, les voyageurs qui se rendaient du midi de la Gaule à Vienne et à Lyon suivaient la route militaire, *via magna*, qui traversait l'Isère sur le pont de la *Déesse*, entre le Rhône et Châteauneuf (1), au quartier des *Robins* (2). Ceux, au contraire, qui allaient du pays des Ségalauniens dans celui des Allobroges prenaient la petite route, *via media*, pour franchir la rivière plus en amont, en un endroit où l'abaissement des rives facilite le passage. En l'absence de tout renseignement historique sur ces temps reculés, on peut conjecturer que le trajet de la rivière, au lieu même où existe aujourd'hui Romans, s'opérait au moyen d'un bac : d'abord, parce que ce mode de communication devait être alors suffisant pour les gens qui fréquentaient cette voie secondaire, — les lourds chargements pouvant d'ailleurs passer, sans faire un long détour, sur le pont de Châteauneuf; — et, en second lieu, parce que, après la chute de l'empire romain jusqu'au X$^e$ siècle, époque de troubles et d'invasions, on démolissait plus de ponts

---

(1) On a trouvé beaucoup d'antiquités romaines à Châteauneuf, telles qu'un autel taurobolique, des médailles, des bijoux d'or et d'autres objets curieux déposés aujourd'hui au musée de Lyon. Il existe encore beaucoup de tombeaux dans la même localité.

(2) On voit entre Valence et Mercurol les restes d'une grande chaussée romaine, connue dans le pays sous le nom de *Vie magne ( Via magna)*.

qu'on n'en construisait (1). Le premier acte où, à notre connaissance, il soit fait mention d'un pont sur l'Isère à Romans, est daté du mois d'octobre 1033 (2), du temps, par conséquent, de Léger, archevêque de Vienne et abbé de Romans, administrateur actif et éclairé, qui dota ces deux villes de plusieurs établissements importants.

Ce moyen de communication, si avantageux pour les populations (3), permit aux chanoines de Saint-Barnard d'établir, suivant la coutume féodale, sur les personnes, les bestiaux et les marchandises, des tributs qui, sous les noms de *péage*, de *pontonage* et de *leyde* (4), devinrent pour eux une source féconde de revenus. Seigneurs indépendants et incontestés de la ville de Romans et du rivage de l'Isère, ils ne négligèrent pas cependant de faire reconnaître leurs possessions et approuver leurs privilèges par les empereurs d'Allemagne, de qui relevait, au moins nominalement, l'ancien royaume de Bourgogne, depuis la donation faite, en 1032, par Rodolphe III à Conrad-le-Salique. Dans ce but, ils profitèrent du séjour à Besançon de Frédéric Ier

---

(1) De 860 à 930, l'église et le monastère de Saint-Barnard furent deux fois saccagés et incendiés; si un pont eût alors existé, il aurait inévitablement éprouvé le même désastre que les édifices qu'il faisait communiquer avec l'autre rive.

(2) Cet acte est relaté dans l'arrêt du conseil du 22 décembre 1693, qui maintint le chapitre de Saint-Barnard en possession du pont et des droits qui en dépendaient. Il est, en outre, cité dans le *Mémoire des maires, consuls et habitants de Romans, en réponse aux députés des communautés du Bourg-du-Péage de Pisançon et de Peyrins* (1757). La charte N° 353 du *Cartulaire* de Saint-Barnard, qui appartient au XIIe siècle, parle de l'ancien pont, *antiquum pontem*.

(3) Afin, sans doute, de conserver l'entière liberté du passage sur le pont, les seigneurs de Peyrins, de Clérieu et d'Albon empêchèrent pendant près de trente ans (1132-1160) la ville de Romans de terminer sa clôture.

(4) A cette époque, la plupart des monastères, des châteaux et des communautés des environs de Romans s'exonéraient de tout péage sur le pont, excepté les jours de marché et de foire, au moyen d'un abonnement payé au pontonnier. Dans un document, sorte de tarif, du milieu du XIIIe siècle, il est fait mention de marchands étrangers, notamment de Juifs et de Sarrasins, qui devaient payer double taxe (Archives de la préfecture de la Drôme, *Fonds de Saint-Barnard*).

*Barberousse,* pour lui député Guillaume de Clérieu, trésorier de Saint-Barnard (1), et trois autres membres de la même église. Ce prince, par une bulle datée du 25 décembre 1157, mit sous sa protection les biens du chapitre et confirma les droits et revenus dont il jouissait sur les foires, les marchés et le port (2).

L'an 1207, le pape Innocent III confirma aussi à l'abbaye de Saint-Barnard les droits de marché public, des foires et le pontonnage sur l'Isère (3).

Frédéric II, roi des Romains, par une bulle donnée à Bâle le 25 décembre 1214, ratifia celle de son aïeul et permit, en outre, aux chanoines de percevoir quatre deniers par tête de gros bétail et deux deniers par tête de menu bétail qui passerait sur le pont, et défendit à toutes sortes de personnes de se soustraire à ce tribut, à peine d'être mis au ban de l'empire et de payer une amende de cent livres d'or pur (4). Mais, comme le fief de

---

(1) Guillaume de Clérieu fut *sacristain* de l'église de Saint-Barnard de 1130 à 1160 (M. GIRAUD, *Essai hist. sur l'abbaye de Saint-Barnard*, t. II, preuves, p. 391).

(2) *Notum esse volumus qualiter dilectus noster Wilhelmus, fidelissimi nostri Silvii de Cleriaco recolende memorie filius, Romanensis ecclesie thesaurarius, cum tribus ejusdem ecclesie adiens presentiam nostram, humiliter majestatem nostram imploravit : quathenus pro remedio anime nostre ac omnium fidelium Romanensium devotione...... Semper liberalitate respondere intendimus, et pro amore venerabilium fratrum Romanensium, prefatam Romanensem ecclesiam cum omnibus possessionibus suis quas nunc habet vel in posterum juste potest adipisci, in nostram imperialem tuitionem suscipimus et fora et nundinas et portum necnon omnes possessiones et facultates quas hactenus possedit hujus privilegii nostri auctoritate et perenni robore confirmamus* (Arch. de la préfecture, *Fonds de Saint-Barnard*).

(3) GUY ALLARD, *Diction. histor. du Dauphiné*; édit. Gariel, 1864, t. II, col. 506.

(4) *Notum facimus quod ad imitationem serenissimi avi nostri Frederici, Romanorum imperatoris domini augusti, prefatam ecclesiam Romanensem cum omnibus possessionibus suis quas nunc habet vel in posterum juste poterit adipisci, in nostram tuitionem recipimus et fora et portum et pontem; in quo ponte liceat dictis canonicis de grossa bestia quatuor denarios et duos de minori denarios, nostra regali auctoritate recipere..... Si quis*

Pisançon était une très-ancienne possession de l'église de Saint-Barnard, les habitants de Romans n'étaient point tenus de payer de péage, tant par terre que par eau, pour leurs personnes et leurs denrées, excepté quand ils en faisaient commerce (1).

Enfin, lorsque le passage du pont n'était plus praticable, le chapitre avait le droit de le fermer, d'établir des bateaux et d'exiger des passants la taxe accoutumée. Il possédait aussi le rivage de la rivière, de chaque côté, depuis le *Riou-sec* jusqu'au *monastère vieux* de Vernaison, et les conducteurs de radeaux qui passaient devant l'église de Saint-Barnard lui devaient le tribut de leurs rames, s'ils n'aimaient mieux les racheter (2). Ce droit était, à ce qu'il paraît, tombé en désuétude,

---

*vero hujus nostri decreti temerator extiterit sciat de regali banno subjacere et centum libras auri purissimi compositurum.* (Arch. de la préfecture, *Fonds de Saint-Barnard.*)

(1) *Castrum Pisancianum fuit enim antiqua et vetus possessio Sancti Barnardi, propter quod villæ Romanis habitatores non debent dare pedagia neque in terra neque in aqua* (Acte de 1209 : M. GIRAUD, *Essai hist.*, t. I, preuves, p. 321). *Nullus de villa debet dare pro transitu pontis nisi pro negociatione* (*Cart. de Saint-Barnard*, ch. N.° 357).

Néanmoins, ce droit ne fut pas toujours respecté. En septembre 1609, les consuls de Romans durent se rendre à Grenoble pour représenter à M<sup>r</sup> Jean de La Croix, évêque de cette ville et récent acquéreur de la *parérie poitevine* du château de Pisançon, que leurs concitoyens venaient d'être assujétis à payer les taxes du péage, ce qui leur portait un grand préjudice et causait des troubles dans la ville. Le prélat répondit qu'il ne pouvait l'empêcher, et que, malgré de *prétendus* priviléges, il saurait contraindre les refusants. Un procès s'engagea. Mais le maréchal de Lesdiguières ayant, comme possesseur de la *parérie delphinale* du même château, pris fait et cause pour l'évêque de Grenoble, la ville de Romans se trouva dans une position très-difficile : pour en sortir, elle acheta, le 23 décembre 1632, la coseigneurie de Lesdiguières au prix de 20,000 livres, et obtint l'union du Péage à la ville par arrêt du conseil du 28 juin 1636 (*Archives municipales de Romans*).

(2) *Habet certum tributum a ducentibus razellos fuste seu lignorum ductos per flumen Isaræ quod transit prope villam et ecclesiam de Romanis, videlicet remos proprios quibus reguntur razelli quodque ripagium dicti fluminis ab utraque parte, a Rivo sico usque ad monasterium vetus* (Arch. de la préfecture, *Fonds de Saint-Barnard*).

car au XVIIe siècle noble Nicolas Vincent, chanoine, s'engagea à le faire revivre à ses frais, à condition que le chapitre l'en laisserait jouir sa vie durant; ce qui fut confirmé, en 1617, par un arrêt du parlement.

Soit par violence des eaux, soit par vice de construction ou défaut de cohésion du terrain dans lequel il était fondé, le pont de Romans se trouvait dans des conditions peu favorables de conservation; aussi fut-il emporté par la grande inondation du 14 septembre 1219, dite le *déluge de Grenoble*. Il fut reconstruit, pour la plus grande partie, par les soins de Jean de Bernin, archevêque de Vienne et abbé de Romans (1), qui, de concert avec Arbert de Chabeuil, sacristain de Saint-Barnard, fixa les droits d'entrée et de sortie (2).

Le manque de documents contemporains ne permet pas de résoudre la question de savoir si le pont rétabli par Jean de Bernin était entièrement en pierre. D'après la tradition et divers renseignements recueillis à l'occasion de travaux postérieurs, il paraîtrait que les trois piles et les deux premières arches étaient en pierre et d'une belle construction (3) et les deux autres en bois. Sur le pilier du côté de la ville on avait édifié, comme on le faisait généralement à cette époque, une jolie chapelle gothique, et en face un petit hôpital destiné à recevoir des femmes en couches (4). Enfin, comme la portée d'une pile

---

Ce droit régalien sur une rivière navigable donna lieu entre le chapitre et la famille de Pisançon à un procès dans lequel intervint l'inspecteur général du domaine. Commencé en 1626, repris en 1710, poursuivi devant le bureau des finances, la cour du parlement et le conseil du roi, ce long procès ne prit fin que par la suppression des droits féodaux, en 1789.

(1) ...... *Pontem Romanensem super Isaram pro majori parte construi procuravit* (Epitaphe de Jean de Bernin). Voy. J. LE LIÈVRE, *Hist. de l'antiquité et saincteté de la cité de Vienne*, p. 372. D'après cet auteur, la reconstruction de ce pont aurait été terminée en 1252.

(2) Acte du 8 juillet 1240, *Cart. de Saint-Barnard*, ch. N.° 370.

(3) *Pontem petreum seu lapideum valde pulchrum qui erat super Isaram....* (Arch. de la préfecture, *Fonds de Saint-Barnard.*)

(4) Ces édifices n'ont été démolis qu'en 1855, lors des travaux pour l'élargissement du pont : mais depuis longtemps ils avaient l'un et l'autre changé de destination. Après avoir été dépouillée en 1562 par les huguenots, la

à l'autre était trop grande pour une arche en bois, on l'avait divisée en plantant des pilotis au milieu. Cette disposition explique les fréquents désastres qui arrivèrent à ce pont et dont nous allons faire le récit.

Sur les conseils d'Amédée de Roussillon, évêque de Valence, le chapitre, pour se défendre contre les habitants, avait fait élever une tour en pierre au milieu du pont : à peine achevée, les Romanais s'en emparèrent. Amédée vint en 1281 faire le siége de Romans et, après un mois d'efforts, reprit cette tour. Ceux qui la gardaient ayant blessé à mort deux habitants, on éleva dans la ville des machines qui lançaient des pierres et rendaient ce poste dangereux. Amédée ne pouvant y laisser des troupes, préféra la détruire, plutôt que de l'abandonner à l'ennemi. Il fit, en conséquence, miner et sauter la tour dans l'Isère avec une partie du pont et de l'hôpital que Jean de Bernin avait fait construire. Il y avait alors dans cet hôpital vingt-trois femmes en couches, *quæ jacebant in puerperio seu partu*. Amédée, après avoir fait enlever la statue de la Vierge, patronne de cet hôpital, et l'avoir fait transporter à Valence, ordonna d'en expulser les pauvres *jacinières*, et ensuite livra aux flammes les bâtiments dont les débris tombèrent dans l'Isère. Le passage se trouva dès lors intercepté. Les Romanais, vaincus l'année suivante, furent condamnés par la sentence arbitrale rendue à Brignoles le 29 juillet 1282, sous la médiation du prince de Salerne, à contribuer à la restauration du pont et de l'hôpital, au moyen d'une amende de mille livres viennoises (1).

Le chapitre avait sur le pont et sur le péage que l'on y perce-

---

chapelle servit de magasin à poudre pendant les guerres de religion. Devenue propriété nationale en 1790, elle fut acquise par la ville, qui la convertit en corps de garde et y plaça ensuite un bureau d'octroi. L'hôpital, incendié et ruiné en 1281, rétabli en 1282, cessa de recevoir des malades vers le milieu du XVII<sup>e</sup> siècle. Il devint une habitation particulière et fut vendu en 1791 par ordre du district. (Voy. nos *Essais hist. sur les Hôpitaux de Romans*, p. 80.)

(1) *Mille libræ ad refectionem pontis et hospitalis de Romanis super Isaram expendentur.* (Arch. de la préfecture, *Enquête* de 1282; — M. GIRAUD, *Essai hist.*, t. II, p. 90.)

vait des droits incontestables, et il se montrait fort jaloux de les exercer et de les conserver : mais, sous prétexte que ces droits de pontonnage étaient moins un *privilége* qu'un *préjudice*, il n'apportait pas le même zèle à entretenir convenablement cet édifice. De là des débats avec la ville, dont les intérêts souffraient de cette négligence. Une lettre du roi et une sentence arbitrale rendue le 1er octobre 1360 par Guillaume de Vergy, gouverneur du Dauphiné, réglèrent ce différend. Il fut convenu que les chanoines et les habitants contribueraient désormais aux réparations du pont au marc le franc, *ad solidum et libram*.

La seconde a.che en pierre n'était pas suffisamment soutenue par la pile méridionale, qui ne donnait naissance qu'à un tablier en bois : elle s'écroula un siècle environ après sa construction et fut remplacée par une arche dont la charpente tomba à son tour de vétusté.

L'interruption du passage sur cette importante voie de communication nuisait beaucoup aux intérêts du commerce et à ceux du chapitre. Plusieurs habitants avaient, en mourant, fait dans leurs testaments des legs pour favoriser la reconstruction de l'arche primitive. Un riche et généreux Romanais, Perrot de Verdun, entre autres, avait laissé dans ce but aux consuls, en 1374, une somme de 100 florins d'or (1).

---

(1) L'usage de compter par *florin* a subsisté à Romans jusque vers 1580. Les premiers florins delphinaux furent frappés à Grenoble sous Guigues VIII en 1327 : ils étaient au titre de 24 carats et de 65 au marc de 4464 grains : leur cours était donc, en monnaie actuelle, de 12 fr. 63 c. A la même époque, le *gros* d'argent pesait 2 gr. 70 et valait par conséquent 60 cent. En 1368, on divisait le florin en 12 gros : il en fallait 6 pour un marc d'argent et 96 pour un marc d'or; ce qui équivalait à environ 8 fr. 50 c. Mais le florin était, en général, une monnaie de compte que l'on rapportait tantôt au *franc*, tantôt à l'*écu d'or*, et dont la valeur, en définitive, sujette à une sorte d'*agio*, variait beaucoup et était pour ainsi dire stipulée dans chaque affaire. Ainsi, l'on voit dans un ancien livre de comptes de la communauté de Romans, qu'en 1385 Ponce de Chevrières et Régnier Coppe, chargés d'apurer les comptes du receveur de la ville, fixèrent la valeur du florin monnaie, du 1er au 31 mars, à 13 gros; de cette dernière date au 1er janvier, à 13 gros et demi, et du 1er janvier à la fin de février, à 14 gros. En outre, lorsque, par exemple, le florin *monnaie* était estimé à 12 gros, le florin *d'or* en valait 13. Enfin, le florin, dit *petite monnaie*, tomba au commencement du XVIe siècle à 2 fr. 83 c.

Nous allons puiser quelques renseignements intéressants et peu connus dans un registre des archives municipales de Romans, où l'on voit inscrits jour par jour, avec ordre et clarté, les recettes et les dépenses, les faits et les actes concernant cette entreprise.

Mû par l'amour de Dieu et le bien de la chose publique, Guillaume de Sainte-Croix, dit Perrin, marchand de Romans, se rendit le 16 mars 1387 (n. st.) devant M<sup>re</sup> Léon de Mureil, juge de la cour séculière, et exposa à ce magistrat l'utilité de réédifier en pierre, telle qu'elle était autrefois, l'arche sur l'Isère contiguë à la chapelle de Notre-Dame. Il ajouta que, pour cette œuvre si avantageuse, le chapitre, la communauté de la ville et diverses personnes tant ecclésiastiques que laïques avaient déjà promis des sommes importantes. Le juge approuva ce projet et, sur les excuses présentées par Guillaume de Sainte-Croix, nomma commissaires pour surveiller les travaux et ordonnancer les dépenses Joffred de La Balme, sous-clavier de l'église de Saint-Barnard, et Garin Fabre, bourgeois (1). Il désigna Joffred Vallin, marchand, pour trésorier et Jean Guiffred pour procureur de l'œuvre.

Les travaux commencèrent le 11 mars 1388. A la fin de chaque semaine, le trésorier, en présence de trois témoins, comptait à Guillaume de Grandis, surveillant et payeur des ouvriers, les sommes portées sur son état, préalablement visé par les commissaires et ensuite inscrit sur le registre tenu par M<sup>e</sup> Jean Galtier, notaire.

On envoya à Lyon, dans le mois d'avril, Talmet Noble, maître de l'œuvre, pour examiner et étudier les plans suivis et les procédés employés pour la construction du pont en pierre sur le Rhône (2). Jacques de Beaujeu, architecte de ce pont, vint à

---

(1) Remplacé le 10 janvier 1388 par Jacques Régnier, bourgeois.
(2) En 1190, Philippe-Auguste, roi de France, et Richard, roi d'Angleterre, se rendant en Terre-Sainte, traversèrent le Rhône sur le pont de Lyon, alors en bois, qui s'écroula aussitôt après leur passage. Cet édifice était, en 1314, partie en bois, partie en pierre. On commença à le bâtir en pierre en 1335 : ce travail n'était pas encore terminé, comme on le voit, en 1387.

son tour à Romans pour voir les travaux et donner des conseils. Les commissaires payèrent sa dépense à l'hôtel et le gratifièrent de onze florins d'or et d'une paire de galoches, *parem gallicarum*.

Les pierres de tuf, qui joignent la légèreté à une grande résistance et une longue durée, étaient employées de préférence. On les tirait des carrières d'Yseron et de la Sône. La chaux venait de Pisançon. On achetait les cordages à Tullins. Le lit de la rivière fournissait des pierres, du gravier et du sable. Les mollasses provenaient de la carrière située sur le bord de l'Isère, au-dessous du coteau de *Chapelier,* au lieu appelé les *Baumes* (1).

Le 20 avril 1389, une convention fut passée entre les commissaires et dom Martin Raymond, prieur de la Chartreuse du Val-Sainte-Marie, pour l'achat de trente sapins de neuf toises de longueur à choisir et prendre dans les forêts de ce monastère, moyennant la somme de trente florins. Pour l'honneur de Dieu et l'intérêt qu'il portait à une œuvre aussi utile au public, le prieur ajouta trois autres arbres de même qualité. Ces trente-trois sapins, destinés à la confection des cintres du pont, coûtèrent des peines incroyables et une dépense énorme pour être abattus, traînés à l'Isère, conduits à Romans et remisés au *Paletour* (2). Cette opération ne fut terminée qu'en avril 1390. On fut

---

(1) Ce point historique local, dont le souvenir s'est effacé, est mis ici hors de doute par les notes des dépenses inscrites sur le registre. Ainsi, on lit passim : *Item, Francisco Mysselerii pro una die conducendo et veyendo navigium descendendo de dicto ponte ad perreiriam prope Romanis, subtus Chapellesium........ Item, in eodem navigio lapides adducendo de dicta perreiria ad dictum pontem............, perreiria sita ultra pontem, etc.* Dans cette carrière, dont l'entrée est aujourd'hui murée, il y a plusieurs galeries hautes et larges, mais peu profondes, sauf une seule qui se prolonge vers le nord-ouest à une distance inconnue.

(2) C'était un terrain de 200 pas de longueur et de 60 de largeur conquis sur l'Isère, qui prolongeait les côtes de Pisançon et avait pour effet de garantir la culée du pont de la violence des eaux; et comme au-dessus se trouvait une ancienne tour, cet emplacement reçut le nom de *Paleria turris,* digue ou chaussée *de la tour,* d'où par abréviation *Paletori,* en français *Paletour.* Il a toujours été garni d'arbres. Ceux qui existaient depuis des

obligé d'employer jusqu'à 150 hommes et 80 paires de bœufs pour faire cheminer ces pièces de bois dans les montagnes de Lente. La dépense, avec le prix d'achat, s'éleva à 425 florins, soit à 12 florins et 4 gros pour chaque sapin (1).

Le 31 janvier 1391, les commissaires donnèrent à Talmet Noble, maître de l'œuvre, et à Guillaume de Fayes, maître charpentier, le prix-fait pour établir les cintres, construire et maçonner la voûte de l'arche, moyennant la somme de 200 florins et la fourniture de tous les matériaux. La pose de la clef de voûte et celle du drapeau se fit avec le cérémonial d'usage le 3 mai 1392. Les commissaires donnèrent à cette occasion un écu d'or (12f 19c) pour acheter du vin. La dernière paye aux ouvriers eut lieu le 8 mars 1393. C'était la fin des travaux, qui avaient duré juste six ans.

Les comptes furent vérifiés et approuvés le 18 janvier 1396 par Artaud Alleman, chanoine de Saint-Barnard, et Jean de

---

siècles furent abattus en 1755 pour le service de la marine. On les remplaça par des marronniers que l'on voit encore. Le *Paletour*, qui avait appartenu à la famille de Marnans, fut donné à la ville de Romans le 4 avril 1404 par Gonet Seren. Il a été vendu en 1792. Toutefois, le rivage de l'Isère appartenait au chapitre. Ainsi, par un acte du 31 décembre 1495, il albergea à Jean Clerc, dit Roux, un emplacement sur le bord de la rivière, devant le *Paletour*, pour y établir un *nassier*, sous le cens annuel d'un denier, avec le droit de lods et de prélation.

(1) Voici plusieurs prix portés sur le registre :

| | | |
|---|---|---|
| Journée du maître de l'œuvre | » | 4 gros. |
| — d'un charpentier, maçon, batelier | » | 3 » |
| — d'un compagnon, manœuvre | » | 2 » |
| — d'une femme employée à porter de l'eau | » | 1 » |
| — d'une paire de bœufs | » | 3 » |
| Benne de chaux | » | 3 » |
| Quintal de fer | 3 florins. | » |
| — de cordes de chanvre | 4 » | » |
| Chêne pour arbre de grue | 6 » | » |
| Bateau pour le transport des matériaux | 40 » | » |
| Cent quartiers de tuf | 20 » | » |
| Location d'un réduit pour remiser les outils | 1 » | » |
| — d'une maison pour l'habitation du maître de l'œuvre | 4 » | 4 » |

Marolle, auditeur des comptes de Dauphiné. La dépense s'était élevée à 2797 florins et 6 gros, et la recette à 2795 florins et 7 gros (1), d'où un plus payé de 23 gros, dont le trésorier Joffred Vallin fit don gracieux.

En 1397, par suite d'un débordement de l'Isère qui avait endommagé le pont, la circulation était de nouveau interrompue. Le chapitre, usant de son droit, mit des bacs aux lieux accoutumés pour le passage de la rivière et établit des commis pour lever les taxes. Le procureur fiscal de Saint-Marcellin s'empara du port, des bacs et des émoluments, prétendant que le Dauphin, comme souverain, avait seul droit de régale sur la rivière de l'Isère. Il s'appuyait aussi sur ce précédent, qu'en 1383 les officiers delphinaux avaient établi un bac sans aucune opposition. Les chanoines soutenaient, au contraire, qu'à partir de 1350 le pont s'était rompu trois fois, et que c'étaient toujours eux qui avaient fait mettre des bateaux pour traverser la rivière. Ils donnèrent procuration pour la défense de leurs intérêts à Mre Jean de Gottafred, chanoine, qui se

---

(1) La recette comprenait 190 articles, dont voici le résumé :

| | | |
|---|---|---|
| Chapitre de Saint-Barnard. . . . . . . . . . . . . . . . . 600 florins. | » | |
| Communauté de Romans . . . . . . . . . . . . . . . . . 600 » | » | |
| Hugues de Clairvaux, sacristain du chapitre. . . . . 5 » | » | |
| Aymon de Clairvaux, précepteur de l'ordre de Saint-Antoine, comme aumône, pour n'avoir pu accomplir le pélerinage de Saint-Jacques de Galice. . . . . . . 30 » | 10 gros. | |
| Bertrand Vernet, aide de Me Durand, médecin, comme aumône, pour le même motif . . . . . . . . . . . . . 10 » | » | |
| L'abbé de Léoncel. . . . . . . . . . . 22 » | 6 » | |
| Joffred de La Balme, sous-clavier. . . . . . . . . . . . 17 » | » | |
| Charles de Poitiers, seigneur de Saint-Vallier . . . . . 12 » | » | |
| Guillaume de Sainte-Croix, pour lui et pour diverses personnes non désignées. . . . . . . . . . . . . . 428 » | » | |
| Vingt-trois ecclésiastiques. . . . . . . . . . . . . 35 » | 10 » | |
| Quatre-vingt-quatorze laïques . . . . . . . . . . . 161 » | 10 » | |
| Quarante-neuf legs. . . . . . . . . . . . . . . . . . . 769 » | 6 » | |
| Onze quêtes . . . . . . . . . . . . . . . . . . . . . 94 » | 1 » | |
| Cinq troncs. . . . . . . . . . . . . . . . . . . . . . . 9 » | » | |
| Total. . . . . 2795 » | 7 » | |

transporta à Grenoble et présenta le 25 octobre 1398 à Jacques de Montmaur, gouverneur du Dauphiné, une requête où il exposait en termes généraux les droits du chapitre à établir un bac sur l'Isère lorsque le pont était rompu (1). Le gouverneur ordonna une enquête. Le juge mage de Saint-Marcellin, Antoine de Nyeuron, et le procureur fiscal, Jean Perellin, vinrent à Romans; ils y reçurent des mémoires, entendirent des témoins. La procédure fut renvoyée à Grenoble et communiquée au procureur général. Jacques de Montmaur, siégeant en conseil, maintint, par arrêt du 16 novembre 1398, le chapitre de Saint-Barnard dans le droit d'avoir un port à Romans et d'en percevoir les émoluments, et enjoignit aux officiers delphinaux de lui restituer les bacs, ainsi que les sommes qu'ils avaient reçues (2). En conséquence, le 24 décembre suivant, Paulet de Trajet, commis à la perception, fit restitution des bateaux qu'il avait saisis et de sa recette qui se montait, déduction faite des frais, à sept florins d'or qu'il promit de rembourser (3).

Ces événements firent encore plus vivement sentir aux Romanais la nécessité de terminer la reconstruction de ce pont, qui était l'ornement et la prospérité de leur ville : ils se mirent, en effet, bientôt à l'œuvre. Le 11 août 1401, dans l'auditoire de la cour séculière, devant M<sup>re</sup> François Fallavel, juge ordinaire, et en présence des syndics, conseillers et notables de la communauté, Joffred de La Balme, sous-clavier, et Guillaume de Villars, bourgeois, commissaires désignés pour la reconstruction en pierre de la quatrième arche du côté du Péage-de-Pisançon, exposèrent que, dans la prévision de cette œuvre, ils avaient fait venir et déposer au *Paletour* une certaine quantité de tufs; mais,

---

(1) *Capitulum habebat et habuit temporibus retroactis suum portum et naves supra aquam Isaræ in dicto loco de Romanis et infra certos terminos et limites, videlicet quando pons diruitur.* (Enquête de 1398.)

(2) *Ipse portus ipsis dominis sacristæ et capitulo pro ipsa parte delphinali fuit restitutus, ac fuerunt in earum prima possessione, vel quasi ipsius portus et tenendi naves et gentes suas pro transitu ipsius portus reintegrati.*

En 1385, Charles de Bouville, gouverneur de la province, avait déjà, dans un cas semblable, reconnu les droits du chapitre et lui avait restitué le port.

(3) *Quos non habebat de presenti, sed ipsos obtulit traditurum in termino congruo assignando.*

après mûre réflexion, ils pensaient qu'il serait plus économique de donner cette entreprise à prix-fait. A la suite de plusieurs publications, Me Jean Forrest, dit *Coppe*, s'était offert pour édifier cette arche avec de bons matériaux, en la fondant solidement sur l'ancienne pile, se chargeant en outre de réparer celle du milieu, le tout moyennant 2150 florins qui seraient prélevés sur le revenu du *commun* du vin de la ville donné en garantie (1). Ce travail devait être exécuté sous la surveillance des commissaires et terminé dans l'espace de deux années, c'est-à-dire aux fêtes de Pâques 1404. L'offre de Jean Forrest fut agréée par le conseil général de la ville et, après enquête, approuvée par le juge (2). La dépense s'éleva en définitive à 2302 florins (3), dont Jean Forrest donna quittance par acte notarié le 3 mars 1405, devant Mre Pierre du Préhumbert, juge de Romans. Dans cette somme était comprise la valeur, fixée après estimation, des matériaux, d'un chariot, d'une grue et d'autres engins employés dans les constructions, cédés par la ville à l'entrepreneur.

En 1409, on établit un octroi sur le vin, dont le produit, évalué 566 florins, était destiné aux réparations à faire à la première arche du pont et à la chapelle de Notre-Dame. Joffred de La Balme et Gibellin Odoard furent chargés de la surveillance des travaux.

Malgré tant de soins et de dépenses, le passage sur le pont était de nouveau impraticable. L'incommodité de traverser sur des bacs une rivière aussi rapide que l'Isère avait fait prendre une autre route aux voitures de sel qui avaient coutume de

---

(1) Le *commun* du vin de la ville était un droit d'entrée fixé au seizième de la valeur vénale de cette boisson. Les coseigneurs de Romans accordèrent plusieurs fois cet octroi en vue des réparations à faire au pont : notamment en 1397, pour 10 ans; en 1409, pour 16 ans; en 1426, pour 20 ans. La levée de cet impôt n'était pas d'ordinaire concédée gratuitement; ainsi, pour le dernier octroi, le chapitre se fit donner par la ville 320 florins d'or.

(2) Arch. de la préfecture, *Fonds de Saint-Barnard*.

(3) Les dépenses occasionnées par ces travaux se trouvent inscrites sur le registre tenu par Guillaume Seren, notaire et secrétaire de la ville. Le salaire des ouvriers était le même qu'en 1387, mais le prix des matériaux avait sensiblement augmenté.

passer sur le pont ; ce qui causait un grand préjudice à Romans.

Le 20 juillet 1426, le chapitre permit un nouvel octroi pour faire face aux dépenses qu'allaient nécessiter la restauration du pont et l'établissement d'une horloge publique (1). Les États de la province, assemblés dans cette ville le 10 mars 1427, lui accordèrent 200 florins pour faire les réparations que dirigeaient deux commissaires, Pierre de la Cour et Didier de Villars.

Des lettres patentes du 14 juin 1448 souscrites par le roi-dauphin et consenties par l'archevêque de Vienne et le chapitre de Saint-Barnard permirent aux habitants de Romans de passer sur le pont avec des chars ferrés et d'y lever les droits accoutumés sur l'étranger (2), à la charge d'entretenir le pont, de le réparer et même de le réédifier, s'il venait à tomber. Cette concession assez onéreuse fut encore aggravée des droits de péage que les chanoines acquirent d'Aymar de Poitiers, seigneur de Saint-Vallier (3). Il paraît, en outre, que le droit de passage par eau n'était pas compris dans la convention de 1448. Le chapitre permit, il est vrai, aux consuls, le 2 juin 1494, de mettre une traille et un bac au-dessous de la ville pour passer les étrangers, à cause de la peste qui régnait alors dans le comtat d'Avignon et aux environs (4); mais il s'opposa, le 11 décembre 1651, à l'en-

---

(1) *Horologium pro communi servicio totius oppidi de Romanis.* (Arch. municip. de Romans déposées à la préfecture.) Cet acte précise l'époque à laquelle on commença la construction de la grande horloge de *Jacquemart.* La tour dans laquelle elle fut placée faisait partie de la forteresse de *Montségur,* bâtie à la fin du XIII° siècle. — En 1442, un arrêt du conseil autorisa une imposition pour l'entretien de cette horloge.

(2) Le tarif portait, entre autres taxes, celle d'un gros pour chaque roue d'un chariot chargé et d'un quart de gros pour un chariot non chargé. En 1576, le pontonnage fut augmenté de la moitié et élevé à onze sols par charrette. Avant cette surtaxe, il était affermé 200 florins.

(3) Sur l'instance de Jean de Poitiers, comte de Saint-Vallier, le parlement de Grenoble, par arrêt du 3 juin 1533, condamna le chapitre à relaxer ce péage moyennant la restitution de la somme de 3330 livres, prix de l'acquisition. Le même arrêt le dessaisit aussi du droit de pontonnage qu'il possédait de toute ancienneté et qu'il avait arrenté séparément 50 livres par an.

(4) La permission était conçue en ces termes : *Permittus faciendi et erigendi unam tralliam sive cordam attachatam in pillari Tornelle seu turris*

treprise des consuls, qui voulaient établir des bateaux après la chute du pont.

On prévoit facilement les fréquentes réparations que devait nécessiter un pont presque tout en bois, très-fréquenté et exposé aux crues subites d'une rivière torrentueuse. Il serait trop long, comme sans intérêt, de citer les travaux d'entretien qui, durant le XVIe siècle, eurent une grande part à la sollicitude des consuls et aux finances de la ville. Nous rappellerons seulement qu'en mars 1518, par suite de cette tendance qu'avaient nos ancêtres de presser leurs demeures les unes contre les autres, sans soucis de l'hygiène et de la commodité, alors que l'espace ne manquait pas, des habitants profitèrent de ce qu'on réparait les arches du pont pour demander d'y bâtir des maisons. Le conseil de la ville rejeta sagement ce projet de constructions, qui auraient gêné la circulation, compromis la solidité des arches et entraîné de grands malheurs, en cas de la ruine du pont. Ajoutons encore qu'en 1583 les travaux de réparation traînaient tellement en longueur, que l'assemblée de la ville intima aux commissaires Jean Magnat et Bernard Guigon de faire leur devoir, et chargea les consuls de donner l'ouvrage à prix-fait et d'y faire procéder « sans retard et avec ardeur ». Il fut aussi défendu aux tondeurs d'étendre des pièces de drap le long des arches, à peine d'amende et de confiscation.

Le pont fut emporté par une grande inondation le 1er décembre 1651, à huit heures du soir (1). La violence des eaux était extraordinaire. Des régiments d'infanterie et de cavalerie, qui se rendaient en Piémont, furent contraints de séjourner une semaine au Bourg-de-Péage avant de pouvoir franchir la rivière en bateaux (2).

L'assemblée générale tenue à l'hôtel de ville le 23 juin 1652

---

*de la Aucha, à parte villæ, et ex alia parte in Valentinesio in arbore seu pillaribus circa littora fluvii Isaræ, et ibidem attachandi unum batellum ad transeundum fluvium viatores.........., ad fines ne transeant super ipsum pontem Isaræ et villam presentem de Romanis.*

(1) Le pont de Grenoble l'avait été également.
(2) Archives de la mairie du Bourg-de-Péage.

résolut que les consuls avec six notables confèreraient sur la construction d'un pont en bois. Mais le chapitre et la ville n'étant point en état de faire une si grande dépense, M. Humbert de Lionne, gentilhomme de *la manche* (1) et gouverneur de Romans, qui avait déjà obtenu la permission de placer des bacs sur l'Isère peu de jours après la chute du pont, offrit de le rétablir à ses frais, moyennant la faculté de percevoir pendant trente années, sur les habitants et les forains, les droits qui seraient jugés convenables par le bureau des trésoriers de France. Après de nombreuses et longues formalités, des lettres patentes datées du 30 décembre 1660 lui furent expédiées. L'arrêt de vérification de la cour du parlement portait que M. de Lionne percevrait pendant trente années les droits mentionnés au tarif, et que, après ce terme, le pont demeurerait acquis à la ville de Romans, à la charge de l'entretenir et de maintenir le passage libre de toute imposition. Le 23 octobre 1664, un conseiller du bureau des finances fit la réception des travaux exécutés par l'entrepreneur Nicolas Le Gentil. Le lendemain, il ouvrit le pont à la circulation, établit les droits conformément au tarif et ordonna aux bateliers de détacher la traille et de ne plus passer personne dans leurs bacs.

Avant l'expiration des trente années (elles ne finissaient que le 24 octobre 1694), Claude Pouilli et François Évrard, sous-fermiers du domaine de la province, surprirent un arrêt du conseil, sous la date du 22 décembre 1693, ordonnant l'incorporation du pont de Romans et de ses dépendances au domaine du roi. Le chapitre et les consuls, réunis cette fois par un intérêt commun, s'opposèrent à cette entreprise et, par requêtes des 29 avril et 23 mai 1695, en appelèrent au conseil d'État (2).

---

(1) Les gentilshommes de *la manche* accompagnaient le Dauphin depuis l'âge de sept ans jusqu'à sa majorité.

(2) Les consuls et les habitants de Romans se servirent alors, pour le soutien de leurs droits, d'une sentence arbitrale rendue vers 1212, dont pourtant ils attaquèrent plus tard l'authenticité, prétendant qu'elle était fausse et qu'elle n'avait été fabriquée qu'après 1348. On vient de retrouver dans les archives départementales le titre original de cette sentence, qui était resté si inconnu

Pendant la durée des plaidoiries, le commissaire de l'aliénation du domaine du roi avait mis en vente la propriété du pont de Romans. Dans l'assemblée générale du 13 février 1697, les habitants, peu confiants sans doute dans le résultat du litige, chargèrent MM. Huchède et Lusson, avocats au conseil, de poursuivre cette acquisition au nom de la ville et d'offrir jusqu'à la somme de 25,000 livres, outre les 2 sols par livre. Mais, mieux inspirés, le chapitre d'un côté et le procureur du roi de l'autre, protestèrent et firent rapporter cette délibération. En effet, le roi, dans son conseil tenu à Versailles le 17 novembre 1699, maintint le chapitre et la ville de Romans en possession et jouissance du pont sur l'Isère et des droits qui en dépendaient; et condamna le sous-fermier à restituer les taxes qu'il avait perçues, depuis le 24 octobre 1694 jusqu'au 31 décembre 1699, jour de sa dépossession, à la condition que les deniers en provenant, suivant la liquidation faite par l'intendant Bouchu, seraient employés aux réparations du pont. Les sommes restituées s'élevèrent à 10,890 livres, déduction faite des droits pour l'année 1697, dont le sieur Pouilli avait été déchargé le 15 février 1701 par un arrêt du conseil.

Les Romanais rentrèrent enfin en possession de leur pont; mais il était en très-mauvais état : les agents du fisc n'y avaient fait, durant leur gestion, aucune dépense d'entretien; négligence d'autant plus dommageable pour cet édifice que sa conservation nécessitait de continuelles réparations, à cause des matériaux peu durables employés dans sa construction. Il n'avait qu'une arche en pierre du côté de la ville; le reste était en bois et couvert d'un toit en forme de galerie, sans doute pour protéger la charpente contre les intempéries. Le tout était supporté par six piles : trois en pierre et trois en bois, placées alternativement (1).

---

que dans leur interminable procès avec les consuls au siècle dernier, les chanoines durent avouer qu'ils ne possédaient pas ce monument, dont la production leur aurait épargné une foule d'ennuis.

(1) La lithographie placée en tête de cette notice représente l'état du pont de Romans à cette époque ; c'est une copie d'un ancien dessin ayant appar-

Enfin, les consuls, à bout d'efforts et de ressources, furent bientôt dans la nécessité de faire connaître à l'intendant que les arches en bois du pont sur l'Isère avaient besoin d'urgentes réparations, leur ruine étant inévitable et prochaine. Ce magistrat répondit le 18 août 1712 à M. Albanel, son subdélégué, que « la ville de Romans ne devoit pas se flatter qu'on pût faire faire » la restauration de ce pont aux frais de la province. » Il conseillait « de le réparer en bois, la dépense devant être la moitié » moindre qu'en maçonnerie. » L'assemblée de la ville se refusa à une dépense qui regardait la province et le roi, offrant cependant d'y contribuer pour 10,000 livres, à condition que le pont serait rétabli en pierre.

Le 3 mai suivant (le pont était tombé dans l'intervalle), l'intendant demanda à la ville de Romans de payer la moitié de la dépense, dont le total s'élevait, suivant le devis de l'ingénieur, à 53,895 livres. En considération de l'intérêt de son commerce, la ville, malgré sa grande gêne, consentit à fournir les 27,000 livres demandées. Les travaux commencèrent en 1717 et furent exécutés avec soin et intelligence. On refit la culée du côté du Bourg-de-Péage; les voûtes furent contruites en tuf, les piles et les arcs en granit. Après cette reconstruction, le pont devint la propriété du domaine, sous la surveillance des consuls de Romans, qui continuèrent d'avoir la garde des clefs de la porte, la nomination du portier et le droit de le cotiser (1).

Le nouveau pont subit ses épreuves en 1744, en résistant à une crue extraordinaire pendant laquelle les eaux de l'Isère s'élevèrent à trente pieds au-dessus du niveau normal. Sa solidité semblait lui permettre de ne plus redouter la violence des eaux. Il allait être moins heureux dans les événements de la guerre, en 1814.

Voici le récit qu'en a fait un témoin oculaire : « Le bruit se répand qu'on se propose de faire retirer les troupes sur la rive gauche de l'Isère et de couper le pont, afin de couvrir la ligne

---

tenu à M. Dochier. (Voy. Guy Allard, *Dict. histor. du Dauphiné*, t. II, col. 504.)

(1) M. Dochier, *Mém. sur la ville de Romans*, p. 264.

formée par cette rivière. Aussitôt, le peuple, le conseil municipal, le maire, tous se réunissent pour prévenir un si grand malheur. Les plus fortes représentations sont faites à M. le général Ordonneau, qui les transmet au maréchal Augereau, en y joignant ses propres observations, favorables aux justes réclamations de la cité. Que lui répond-on? On lui recommande de tranquilliser les habitants, en leur donnant l'assurance que si l'on faisait miner le pont, ce n'était qu'une mesure de précaution, et qu'on ne le ferait sauter qu'à la dernière extrémité.

» Cette réponse, que M. le général Ordonneau voulut bien communiquer au conseil municipal, suspendit les inquiétudes de la ville sur une perte qui devait entraîner celle de son commerce, c'est-à-dire la dernière ressource qui lui restait.

» Mais, pendant la nuit du 27 mars, les troupes reçoivent l'ordre d'évacuer la place, et le conseil municipal est convoqué extraordinairement à une heure du matin, le lundi 28. M. le général Ordonneau lui donne lecture de la lettre de M. le général en chef, qui prescrivait la destruction du pont dans la nuit même.

» Chargé d'exécuter une mesure si funeste à la ville, mais jugée nécessaire au salut de l'armée française, M. le général Ordonneau s'efforça d'en adoucir l'amertume par l'expression de ses regrets, par l'assurance de ne point exposer la ville aux malheurs de la guerre en défendant le passage. Quatre membres du conseil municipal accompagnent M. le général Ordonneau jusqu'au Bourg-de-Péage, et, les larmes aux yeux, font, au nom de la ville, leurs adieux à leurs voisins, à leurs compatriotes, à leurs amis, les Péageois.

» Bientôt les troupes commencent à défiler, les militaires malades ou blessés sont transportés sur l'autre rive. Les provisions, les subsistances, les fourrages, tout est enlevé par ordre du général, sur des voitures qu'il requiert lui-même : la ville enfin est réduite au dénuement le plus absolu. Alors on met le feu aux mines ; elles font leur explosion. La détonation est terrible, les éclats volent de toutes parts et un grand nombre de maisons sont endommagées.

» N'importe! plusieurs mines ayant manqué, on les charge

de nouveau, et vers onze heures du matin le pont est abandonné dans un état déplorable. Les deux premières arches sont les seules qui restent intactes ; la seconde arche, du côté de la ville, est entièrement rompue ; la seconde, du côté du Péage, ne l'est qu'à moitié, mais hors de service.

» Ainsi fut détruit le beau pont qui depuis 1720 faisait la richesse de la ville et l'admiration des étrangers. Ce fut un jour de deuil : la tristesse, la stupeur, le désespoir de tous les habitants signalèrent la perte énorme qu'ils venaient de faire (1). »

Le surlendemain on rétablit la circulation pour les piétons, au moyen d'un pont volant formé de planches jetées sur des câbles, qu'il fallut couper le 2 avril pour assurer la retraite des débris de deux régiments français, qui venaient de livrer un combat long et meurtrier, mais trop inégal, contre une division de l'armée autrichienne. Le 21, la paix étant proclamée, on adjugea la construction d'une passerelle en bois. La dépense, estimée 15,000 fr., fut couverte par l'émission d'actions qui devaient être amorties par une taxe sur les personnes et sur les bestiaux. On établit en même temps un bac à traille pour le passage des voitures entre le port Sabaton et le Paletour. Les événements politiques de 1815 vinrent encore interrompre, pendant plusieurs jours, ce mode de communication, déjà si précaire et incommode.

La grande activité dans les transactions que la paix avait fait renaître rendait cet état de choses fort préjudiciable aux intérêts de la ville : il dura néanmoins plusieurs années : les réparations du pont ne furent terminées qu'en 1818. Les besoins d'une circulation de plus en plus considérable (2) faisaient aussi sentir

---

(1) Arch. municip., *Procès-verbal des événements*, etc., par M. LAMBERT, conseiller municipal.

(2) Circulation constatée au pont de Romans par le recensement effectué en 1844 et 1845 :

| | | | |
|---|---|---|---:|
| Nombre moyen, par 24 heures, | de piétons | | 14,510 |
| — | — | de cavaliers | 35 |
| — | — | de bêtes de trait | 946 |
| — | — | de bêtes de somme | 7 |
| — | — | de têtes de bétail | 451 |

*(Administration des ponts et chaussées.)*

depuis longtemps la nécessité d'élargir cette voie incommode par sa pente et son étroitesse, et de dégager ses abords (1).

Grâce aux ordres donnés par le chef de l'État qui, lors de son passage à Romans en 1852, avait pu apprécier l'urgence de cette amélioration, les travaux commencèrent en 1855 et furent exécutés avec une activité et une habileté dignes d'éloges. On démolit d'abord toutes les maisons qui, soit du côté de la ville, soit du côté du Bourg, gênaient l'entrée du pont, qui fut consolidé et entièrement restauré. On revêtit les piles d'une maçonnerie en pierres de choin et on établit des trottoirs supportés par des arceaux en fonte et bordés d'une balustrade en fer. Quelque temps après, en 1860, on compléta ces améliorations par la construction de quais qui facilitent la circulation, embellissent la ville et la défendent contre les inondations (2).

Nous ne nous étendrons pas davantage sur des travaux exécutés de nos jours et dont la beauté et les utiles résultats sont appréciés de tout le monde (3).

---

(1) Un arrêt du conseil du 22 mars 1769 autorisa la démolition des maisons qui rendaient l'abord du pont difficile. L'intendant accorda 12,000 livres, soit la moitié de l'indemnité allouée aux propriétaires dépossédés. C'est par suite de cet élargissement de la voie publique qu'eut lieu la reconstruction des maisons Lacour et Louvier.

(2) Dans l'assemblée des notables du 3 octobre 1773, il fut résolu de faire lever le plan et dresser le devis pour la construction d'un quai le long de l'Isère. Faute de fonds, ce projet n'eut pas de suite.

(3) Ces divers travaux ont coûté jusqu'à ce jour . . . . . . . . 835,374 »
Cette somme se répartit comme il suit :
1° *Dépenses entièrement à la charge de l'État*, savoir :
Démolition de maisons pour dégager les arrivées septentrionale
   et méridionale du pont. . . . . . . . . . . . . . . 201,127 33 } 420,628 40
Restauration du pont . . . . . . . . . . . . 219,501 07 }
2° *Dépenses supportées pour deux tiers par l'État
et un tiers par la ville de Romans*, savoir :
Construction du quai en amont . . . . . . . . . . . 113,411 33 } 296,421 65
Construction du quai en aval . . . . . . . . . . 183,010 32 }

                       *A reporter*. . . . . . . . 717,050 05

Le pont de Romans est aujourd'hui un travail d'art assez remarquable. Sa hauteur au-dessus de l'étiage est de 9 mètres, et sa longueur de 128. La largeur libre de l'Isère n'est que de 117 mètres, parce que le quai du Péage est en saillie de 11$^m$ dans la rivière. L'ouverture des arches diffère sensiblement : celle de la première est de 22$^m$ 60 ; celle de la deuxième de 27$^m$ 48 ; celle de la troisième de 24$^m$ 39, et celle de la quatrième de 25$^m$ 80. La largeur de la voie est de 9$^m$ 50, dont 4$^m$ 50 pour les trottoirs.

Afin de compléter le système de défense de la ville en empêchant l'accès du côté de la rivière, le pont a toujours été défendu par quelque fortification placée, soit au milieu de cet édifice, soit à son entrée méridionale. C'était une tour ou porte fortifiée qui a joué un rôle assez important dans les annales de Romans et semble avoir servi de type à celle qui figure dans les armoiries de cette ville.

En 1517, les consuls permirent à Romanet Boffin, le fondateur du Calvaire, de placer au-dessus de la porte de la tour sur le pont un sujet de piété avec un encadrement et une corniche pour le protéger.

Les comtes de Poitiers avaient aussi dans leur parérie une tour qui était fort ancienne. C'est sans doute grâce à cette fortification que Silvion de Clérieu et Gontard de Chabeuil, qui tenaient en commun la garde du château de Pisançon, purent, lors de la ruine de Romans par Guigues dauphin, en 1133, défendre le passage du pont et repousser une attaque à la suite de

---

|  |  |  |
|---|---:|---:|
| *Report*. . . . . . . . | | 717,050 05 |
| 3° *Dépenses entièrement à la charge de la ville*, savoir : | | |
| Achat de maisons pour l'établissement du quai en amont . . . . . . . . . . . . . . . . . . . . . . . . : | 47,450 » | |
| *Item* pour l'établissement du quai en aval. . . . . | 70,200 » | 118,323 95 |
| Frais divers . . . . . . . . . . . . . . . . . . . . | 673 95 | |
| En ajoutant une somme de. . . . . . . . . . . . . . . . . . . . | | 18,000 » |
| votée pour l'achèvement et la rectification du quai Saint-Barnard, le chiffre total de la dépense sera de . . . . . . . . | | 853,374 » |

laquelle plusieurs assaillants périrent dans les flots (1). En 1331, Guichard de Clérieu donna cette tour avec ses dépendances à Aymar de Poitiers, son neveu. Elle avait pour destination d'assurer la perception du péage féodal de Pisançon et de servir de siége aux autorités du mandement, comme le témoigne l'usage longtemps suivi de faire proclamer autour de cet édifice les actes de l'autorité par le crieur public (2).

Les Dauphins, de leur côté, avaient fait construire, sous le nom de *Bastide de Beau-Secours*, une forteresse qui commandait à la fois le cours de l'Isère, l'entrée du pont et l'arrivée des routes de Valence et de Pisançon. Elle servait, au besoin, de prison d'État. François de Bardonnenche, dont Guigues VIII avait enlevé la fille et qui avait pris les armes pour venger l'affront fait à sa famille, y fut enfermé en 1334. Il parvint à s'évader et recommença la guerre; on lui fit son procès par contumace et sa tête fut mise à prix (3). Le dauphin Humbert II, après la prise de Romans en 1342, s'arrêtait quelquefois dans la forteresse de Beau-Secours et se plaisait à y signer des actes; il les terminait ainsi : *Acta fuerunt in Bastida Belli Succursus, prope pontem de Romanis* (4). Le pape Clément VI, sur les instances des chanoines de Saint-Barnard, qui craignaient pour leurs droits de pontonnage, en exigea la démolition dans le concordat passé avec ce prince à Villeneuve-d'Avignon le 31 juillet 1344 (5). Il n'en

---

(1)     *Nempe sub hoc anno destructa fuit Rotomanis*
       *Aula Dei flammis, hostes quia suxerat amnis.*
(M. Giraud, *Essai hist.*, t. I, p. 180. — *Cart. de Saint-André-le-Bas*, p. 17.)

(2) *Judex ordinavit ipsas litteras fore legendas circa turrem per Johannem Chaleti, preconem curiæ dicti loci Burgi Pisantii.* (Ordonnance du 20 mai 1444, *Archives de l'abbaye de Vernaison.*)

(3) Chorier, *Hist. de Dauphiné*, t. II, p. 186; — Valbonnais, *Hist. de Dauphiné*, t. I, p. 303, et t. II, p. 258.

(4) M. Dochier, *Mém. sur la ville de Romans*, p. 262. — Le Dauphin avait confié la garde de la Bastide à un homme sûr, au bâtard de Lucinge, qu'il avait marié à sa fille naturelle Catherine (Valbonnais, *Hist. de Dauphiné*, t. II, p. 463).

(5) *Teneatur noviter Bastidam ædificatam citra pontem de Romanis funditus noviter et removere, et quod in antea non reedificitur.*

fut rien, et cela du consentement du chapitre. Par compensation, Humbert, par l'acte du 12 avril 1348, lui fit donation à perpétuité de la moitié par indivis de la Bastille, avec le bourg, le territoire et la juridiction haute et moyenne qui en dépendaient, sous la réserve de ses droits utiles et de la faculté de construire, suivant le traité de pariage, un château et un fort, *palatium et fortalicium*, en dedans ou en dehors des murs de la ville de Romans. La forteresse de Beau-Secours ne fut rasée qu'en 1623, sur l'ordre du parlement (1).

Les bandes de Raymond de Turenne, neveu de la comtesse Major, veuve d'Aymar de Poitiers, infestaient le Valentinois, le gouverneur prescrivit aux consuls de Romans, en 1393, certains travaux de défense pour garder le passage du pont, entre autres la construction d'une porte surmontée d'une tour; ce qui donna lieu à la levée d'une taille moyenne pour faire face à cette dépense (2).

Par une requête du 11 juin 1666, M. de Leisseins, sacristain du chapitre, demanda la construction d'une porte à l'entrée du pont, du côté du Péage-de-Pisançon. On en bâtit une, en effet, mais seulement en 1720, lors de la reconstruction du pont. Sous prétexte de « bien public », les habitants du Bourg-de-Péage profitèrent de l'effervescence des premiers jours de la révolution de 1830 pour démolir le vieil édifice, qui servait de point de démarcation entre les deux communes, et pour s'emparer de la police administrative sur la moitié du pont et jusqu'au milieu de l'Isère (3). Par esprit de conciliation et par bien-

---

(1) Des travaux considérables exécutés tout récemment ont mis à découvert les fondations de l'ancienne Bastide. On a trouvé, au milieu de vieux débris, une grosse clef artistement travaillée et très-bien conservée : celle peut-être qu'on présentait comme hommage aux Dauphins lorsqu'ils faisaient leur entrée dans la forteresse. Dans tous les cas, par son volume, comme par sa forme élégante, cet objet n'a jamais pu faire partie du mobilier des modestes demeures qui jusqu'à nos jours ont recouvert l'emplacement de la Bastide de Beau-Secours.

(2) M. Giraud, *Essai hist.*, t. II, p. 241.

(3) Lors du passage du Président de la République, le 26 septembre 1852, les autorités du Bourg-de-Péage vinrent recevoir et complimenter le prince

veillance pour des voisins et amis, l'administration municipale de Romans ne voulut pas alors revendiquer ses anciennes limites territoriales, comme cela lui avait été facile en 1807, en s'appuyant sur l'instruction ministérielle du 13 mars 1806 et sur une possession plusieurs fois séculaire, qui remontait à une époque où le Bourg-de-Péage n'existait pas encore.

Enfin, en 1720, à l'époque de la peste de Marseille, les consuls firent établir à l'entrée du pont, du côté de la ville, une porte avec un arceau, pour rendre plus exacte la surveillance qu'on exerçait sur les voyageurs arrivant des lieux suspects de contagion. Les derniers vestiges de cette construction ne disparurent qu'en 1774.

---

au milieu du pont, où elles avaient fait planter des mâts ornés de drapeaux et de banderoles aux armes de leur ville. — Ces armes sont d'*azur à une foi d'argent*, c'est-à-dire deux mains jointes en signe d'alliance : emblême, croyons-nous, de l'étroite amitié qui a toujours uni Romans et le Bourg-de-Péage.